Campeones de la World Series: Los Cleveland Guardians

El lanzador Corey Kluber

El primera base Jim Thome

CAMPEONES DE LA WORLD SERIES

LOS CLEVELAND GUARDIANS

JOE TISCHLER

CREATIVE EDUCATION/CREATIVE PAPERBACKS

Publicado por Creative Education y Creative Paperbacks
P.O. Box 227, Mankato, Minnesota 56002
Creative Education y Creative Paperbacks son marcas
editoriales de The Creative Company
www.thecreativecompany.us

Dirección de arte por Tom Morgan
Diseño y producción por Ciara Beitlich
Editado por Jill Kalz

Fotografías por Alamy (Tribune Content Agency, UPI), AP
Images (Associated Press, Mark Duncan), Getty (Bettmann,
Jonathan Daniel, Diamond Images, Jason Miller, National
Baseball Hall of Fame Library, Photo File, Tom Pidgeon, Rich
Pilling, The Sporting News), Shutterstock (Sean Pavone),
Wikimedia Commons (Bain News Service)

Library of Congress Cataloging-in-Publication Data
Names: Tischler, Joe, author.
Title: Los Cleveland Guardians / [by Joe Tischler].
Description: [Mankato, Minnesota] : [Creative Education
    and Creative Paperbacks], [2024] | Series: Creative
    sports. Campeones de la World Series | Includes index. |
    Audience: Ages 7–10 years | Audience: Grades 2-3 | Summary:
    "Elementary-level text and engaging sports photos
    highlight the Cleveland Guardians' MLB World Series wins
    and losses, plus sensational players associated with
    the professional baseball team such as José Ramírez"--
    Provided by publisher.
Identifiers: LCCN 2023015560 (print) | LCCN 2023015561
    (ebook) | ISBN 9781640269422 (library binding) | ISBN
    9781682774922 (paperback) | ISBN 9781640269668 (ebook)
Subjects: LCSH: Cleveland Guardians (Baseball team)--
    History--Juvenile literature. | Cleveland Indians (Baseball
    team)--History--Juvenile literature. | Progressive Field
    (Cleveland, Ohio)--Juvenile literature. | World Series
    (Baseball)--History--Juvenile literature. | American League
    of Professional Baseball Clubs--History--Juvenile literature.
Classification: LCC GV875.C7 T5718 2024 (print) | LCC GV875.C7
    (ebook) | DDC 796.357/640977132--dc23/eng/20230411

Impreso en China

El jardinero Kenny Lofton

CONTENIDO

El hogar de los Guardians

Cleveland, Ohio, se sitúa a orillas del Lake Erie. Es hogar del Salón de la Fama del Rock and Roll. También es el hogar del equipo de béisbol los Cleveland Guardians. El equipo juega en un **estadio** llamado Progressive Field.

Los Guardians son un equipo de béisbol de la MajorLeague Baseball (MLB). Juegan en la División Central de la American League (AL). Sus principales **rivales** son los Minnesota Twins y los Chicago White Sox. Todos los equipos de la MLB intentan ganar la World Series para convertirse en campeones.

El segunda base Nap Lajoie

Nombrando
a los Guardians

La AL se formó en 1901. El equipo de los Cleveland Blues fue uno de sus primeros equipos. El equipo ha tenido muchos otros apodos. Dos de ellos fueron los Naps y los Indians. El apodo de los Indians duró más de 100 años. Antes de la temporada 2022, el nombre cambió a los Guardians. Viene de un puente cerca del estadio local del equipo. En el puente hay estatuas conocidas como los "Guardianes del tráfico."

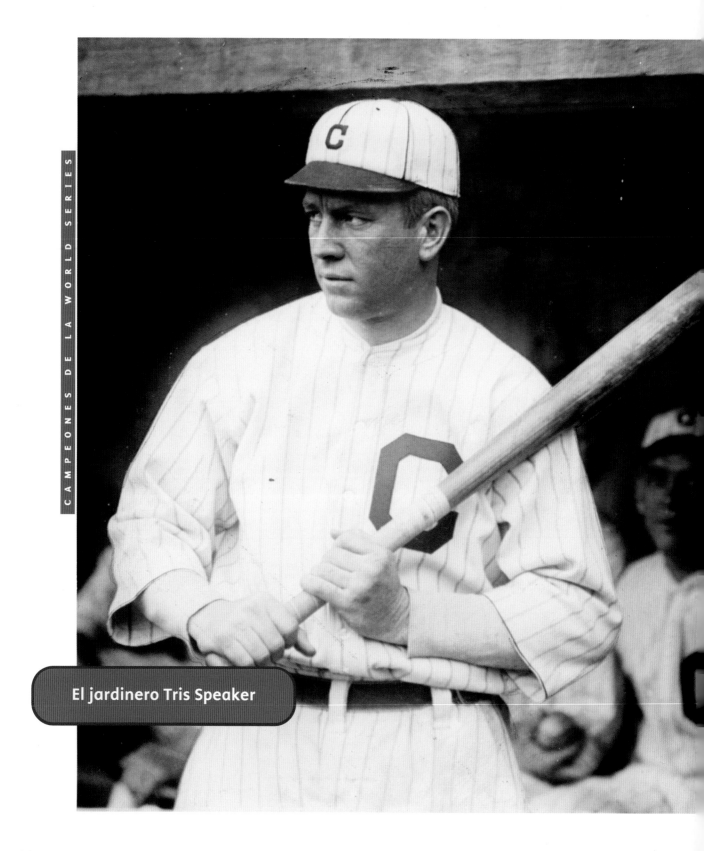

El jardinero Tris Speaker

Historia de los Guardians

Los Guardians llegaron a la World Series solo 3 veces en sus primeros 90 años. ¡Ganaron dos veces, en 1920 y en 1948! Tris Speaker fue un jugador y manager del equipo de 1920. Vencieron a los Brooklyn Robins en la World Series.

Los lanzadores Bob Lemon, Bob Feller y Gene Bearden lideraron el equipo de 1948. Los jugadores de cuadro Lou Boudreau y Joe Gordon proporcionaban poder con el bate. Vencieron a los Boston Braves. Esa fue la última victoria del equipo en la World Series.

El campocorto Lou Boudreau

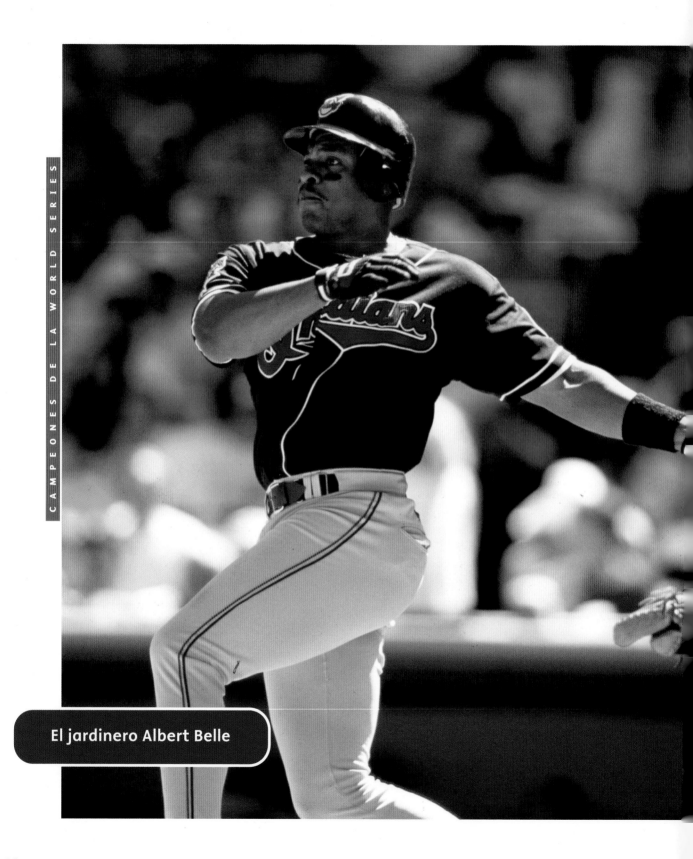

El jardinero Albert Belle

Los poderosos bateadores Jim Thome y Albert Belle iniciaron una tendencia ganadora. En 1995, Cleveland llegó a las **eliminatorias** por primera vez en más de 40 años. ¡El equipo ganó 100 juegos! Llegaron a la World Series. Pero cayeron a los Atlanta Braves. Cleveland regresó a la World Series dos años después. Pero volvieron a perder.

Otras estrellas de los Guardians

Los Guardians siguieron sus maneras ganadoras a principios de la década de 2000. El lanzador Corey Kluber ganó dos **Cy Young Awards**. Shane Bieber también ganó el premio en 2020. El campocorto Francisco Lindor ayudó al equipo a llegar a la World Series de 2016. Él era excelente con su guante y su bate.

El lanzador Shane Bieber

El tercera base José Ramírez

Los jugadores de cuadro incluidos en Juegos de Estrellas José Ramírez y Andrés Giménez ayudaron a Cleveland a ganar un **título** de la división en 2022. Los aficionados esperan que estas estrellas ayuden a llevar a Cleveland a otro campeonato de la World Series. Han esperado por más de 70 años.

Sobre los Guardians

Comenzaron a jugar en: 1901

....

Liga/división: Liga Americana,
　　División Central

....

Colores del equipo: azul marino y rojo

....

Estadio local: Progressive Field

....

CAMPEONATOS DE LA WORLD SERIES:

　　1920, 5 juegos a 2,
　　venciendo a los Brooklyn Robins

....

　　1948, 4 juegos a 2,
　　venciendo a los Boston Braves

....

Sitio web de los Cleveland Guardians:
　　www.mlb.com/guardians

....

Glosario

Cy Young Award: **premio anual dado al mejor lanzador de la liga**

....

eliminatorias: **partidos que juegan los mejores equipos después de una temporada para ver quién será el campeón**

....

estadio: **un edificio con niveles de asientos para los espectadores**

....

rival: **un equipo que juega muy duro contra otro equipo**

....

título: **otra forma de decir campeonato**

....

El segunda base Andrés Giménez

Índice

LEE LOS 24 LIBROS DE LA SERIE

WWW.THECREATIVECOMPANY.US

ISBN 978-1-68277-492-2

90000

9 781682 774922

LOS ST. LOUIS CARDINALS

Albert Pujols

Nolan Arenado

CREATIVE SPORTS

CREATIVE PAPERBACKS

MICHAEL E. GOODMAN